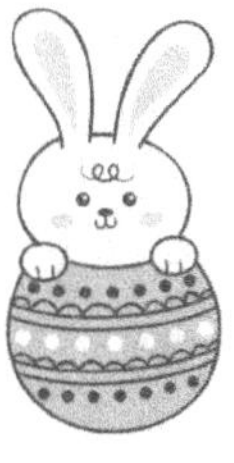

album da colorare

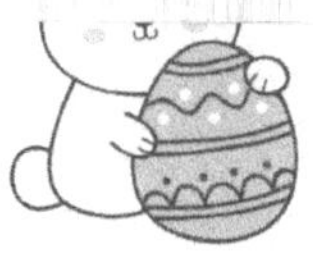

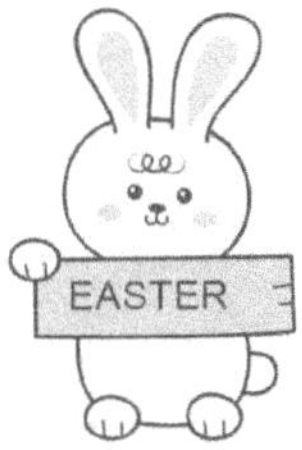

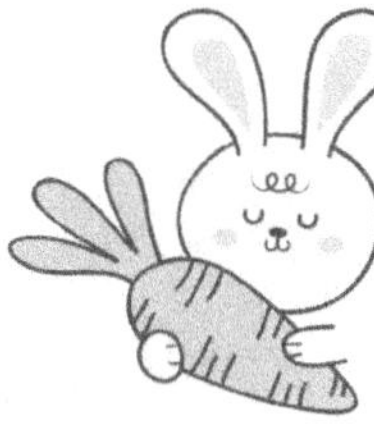

buona pasqua

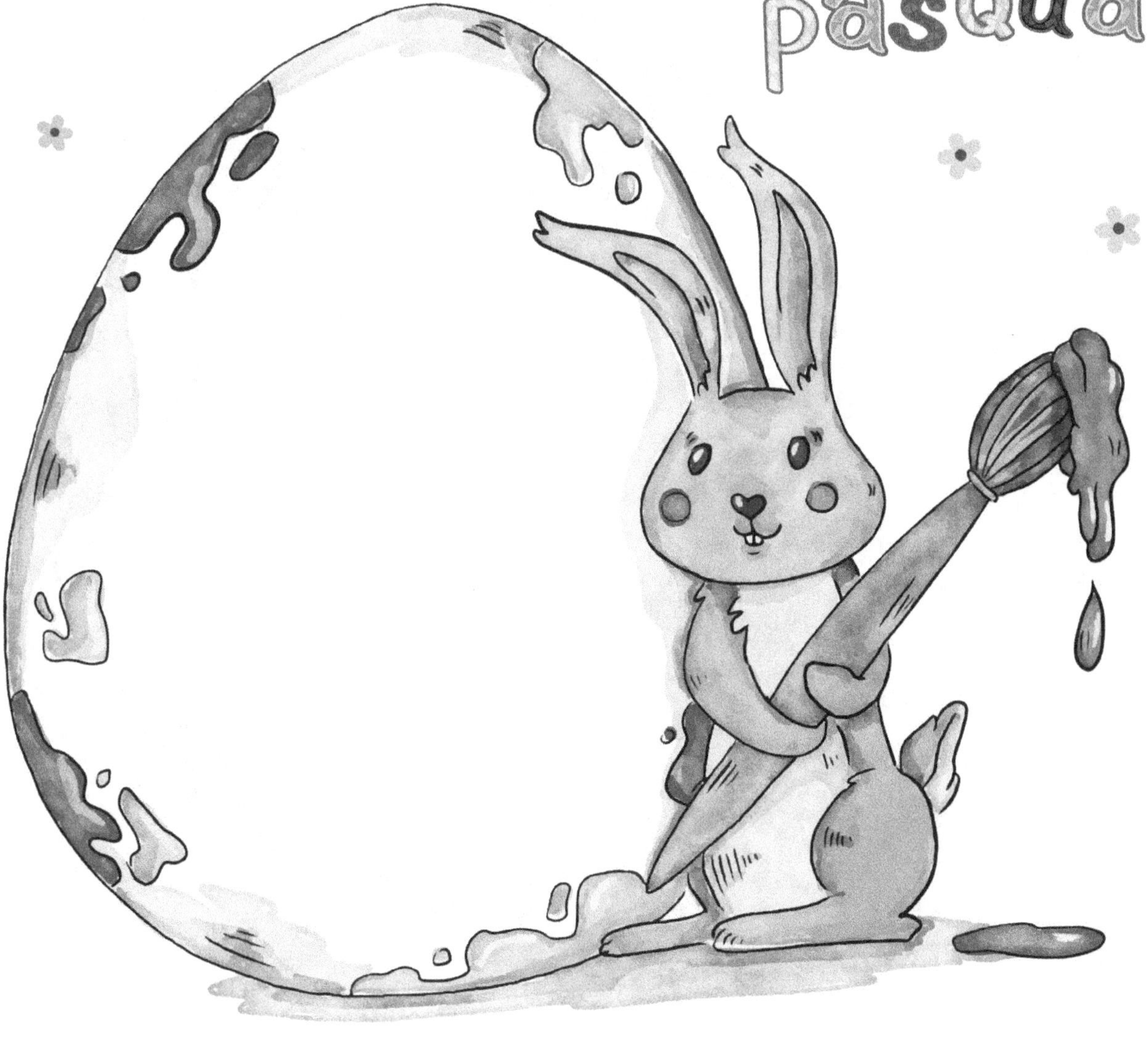

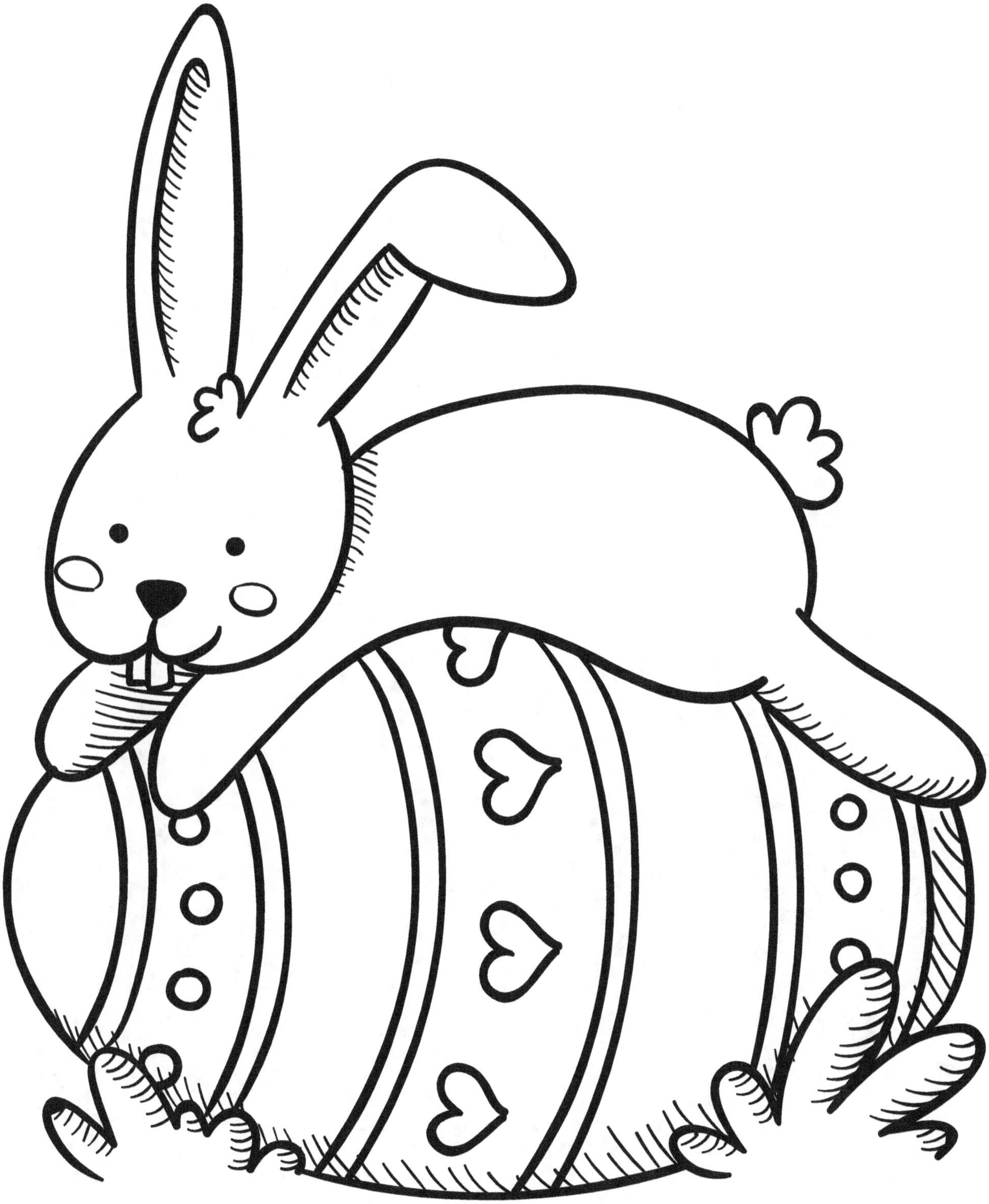

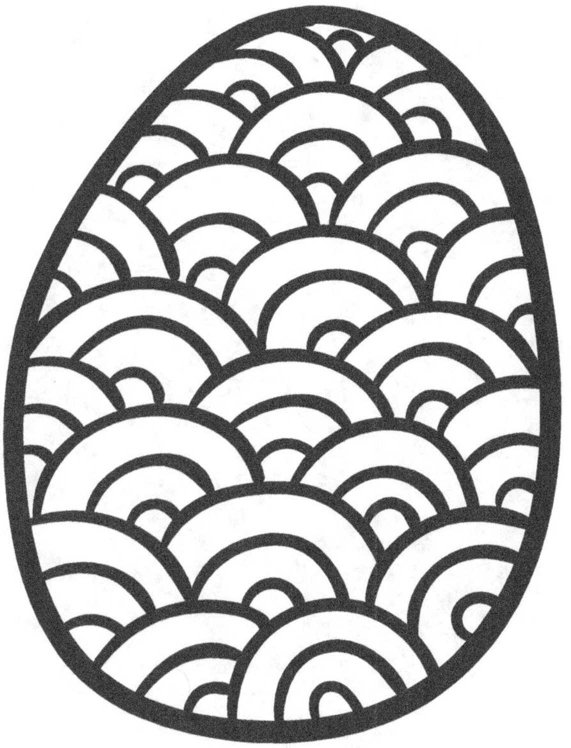
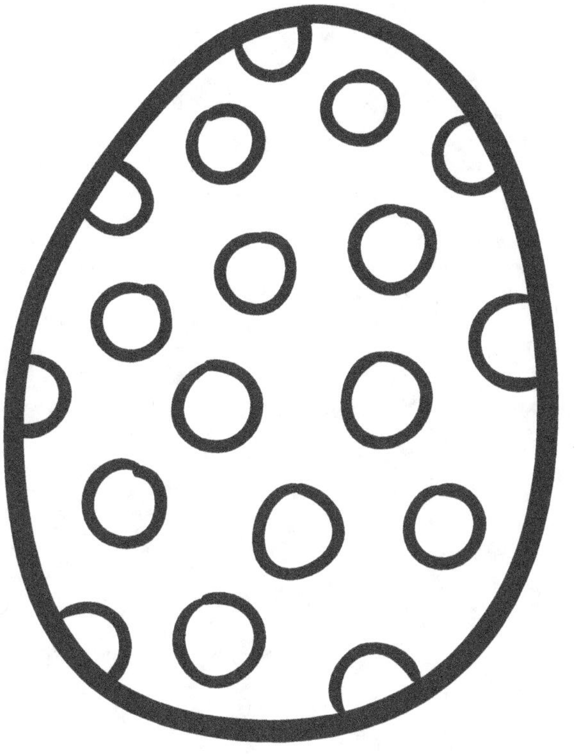
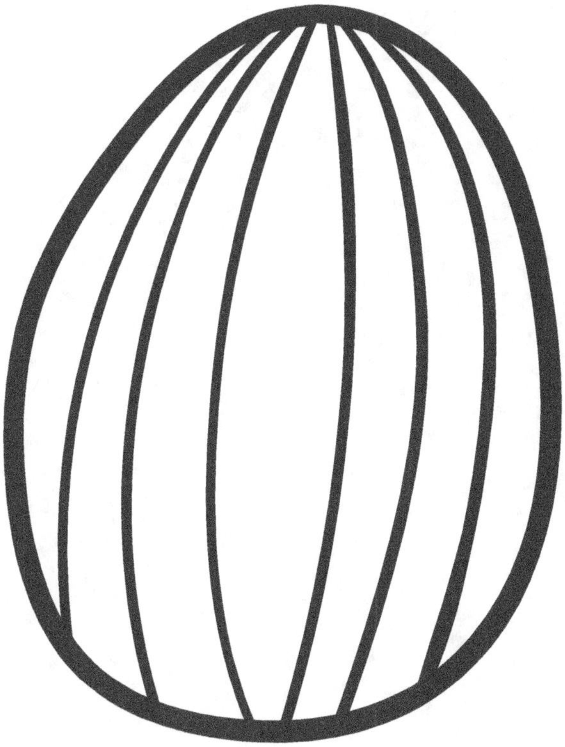
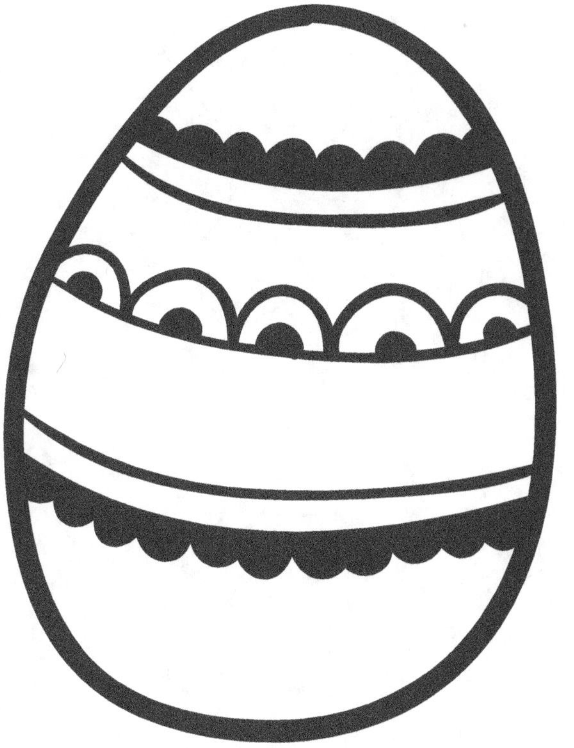

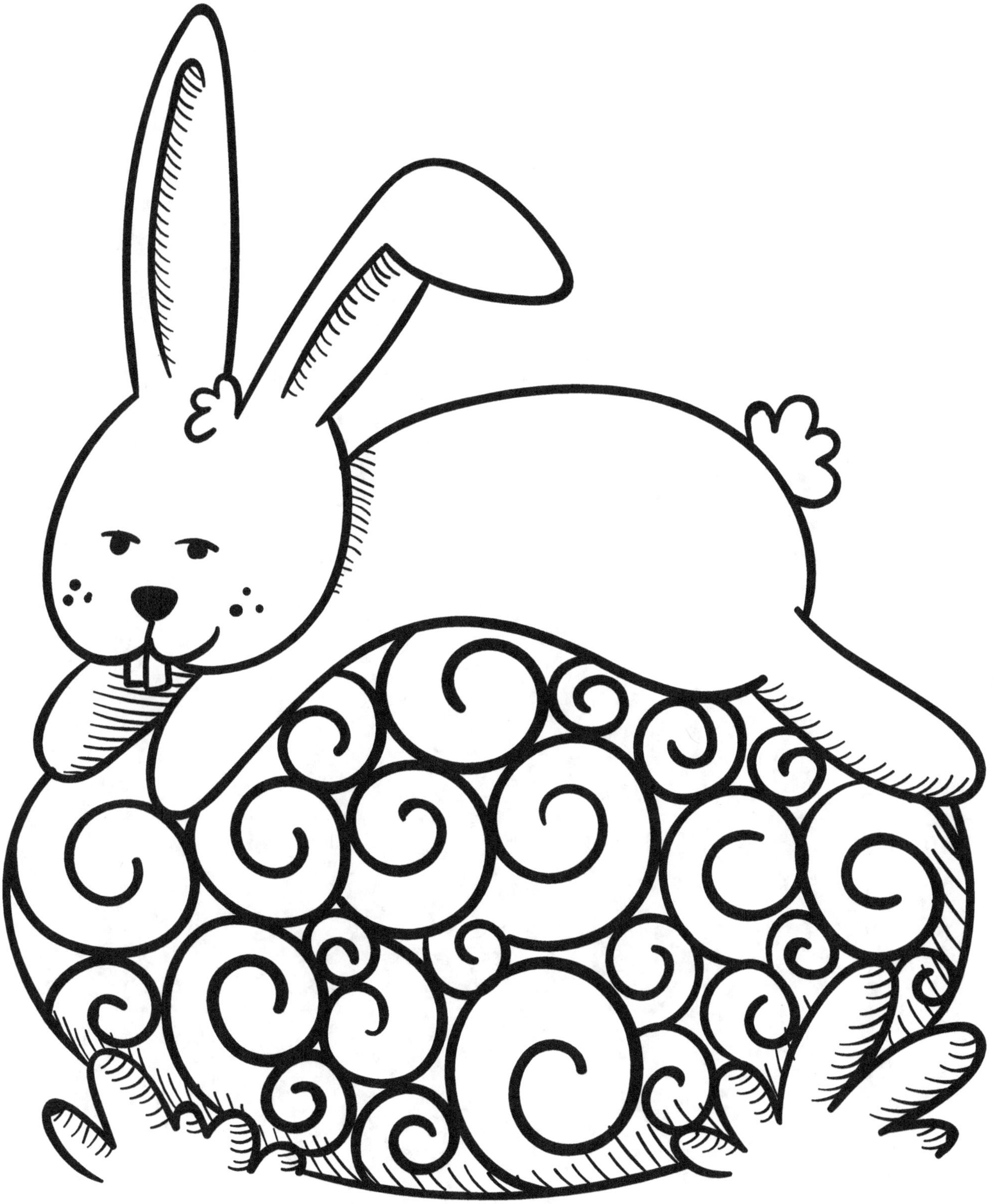

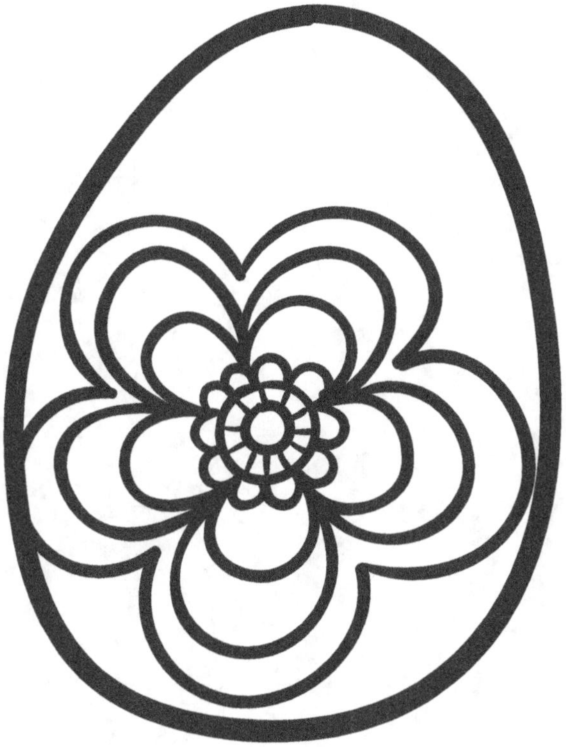

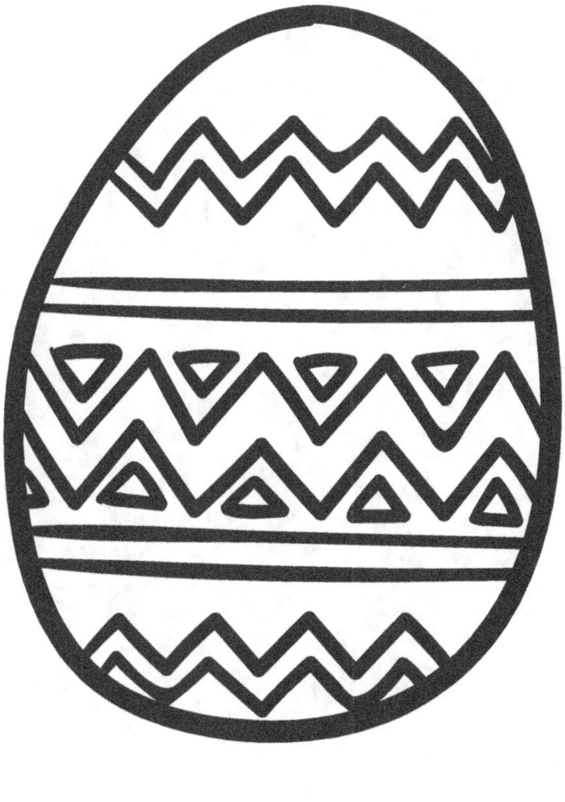
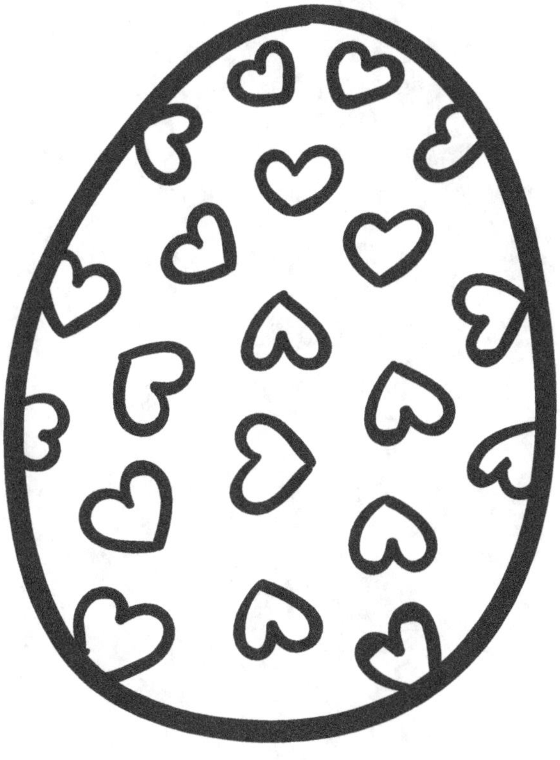

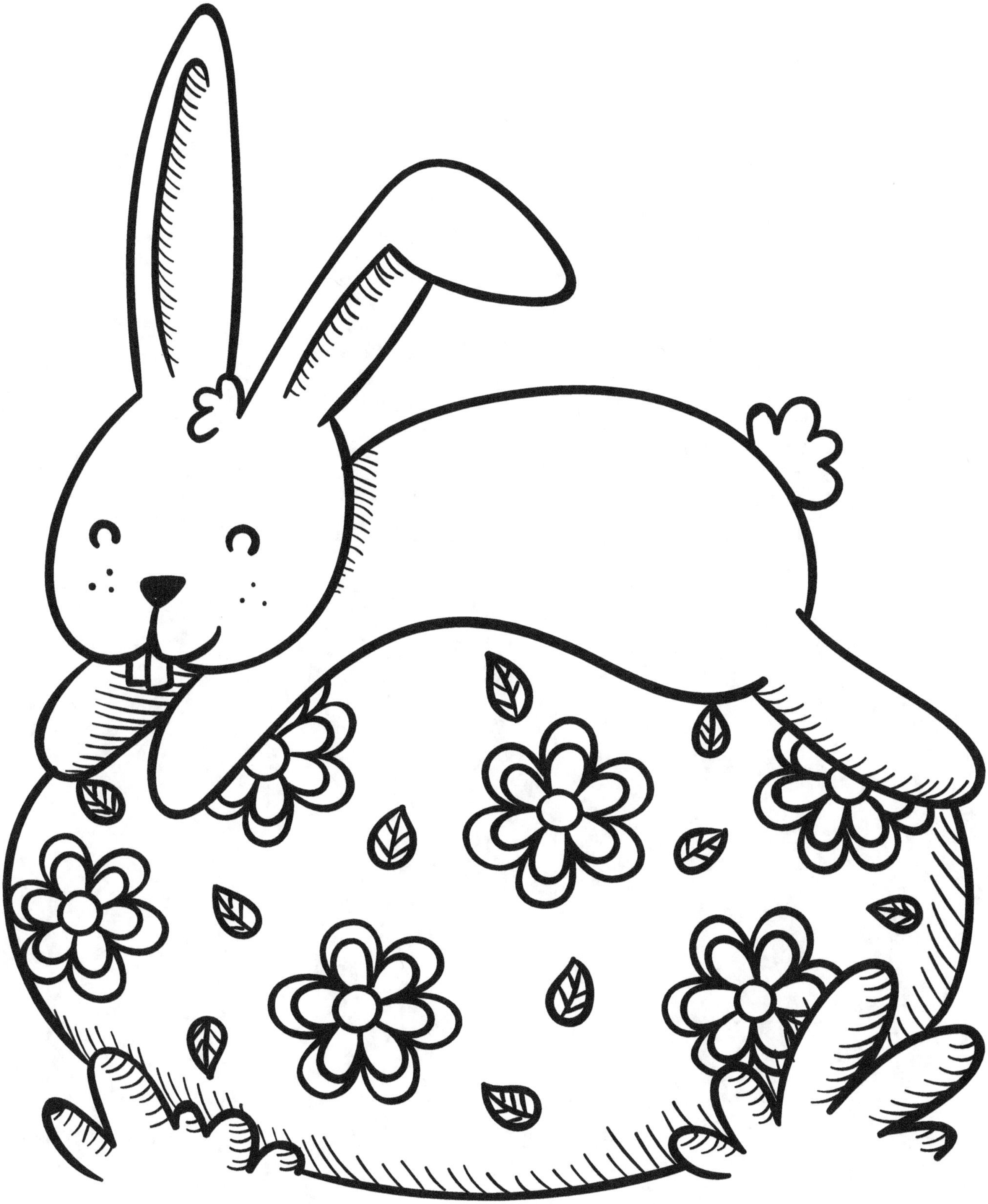

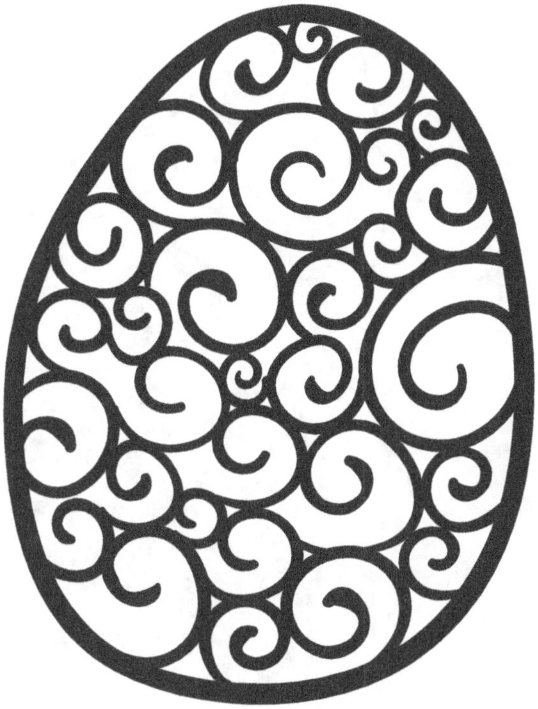
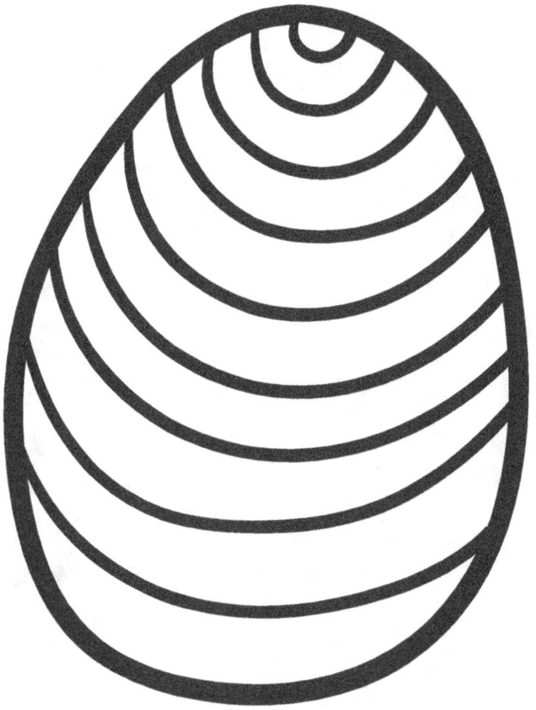

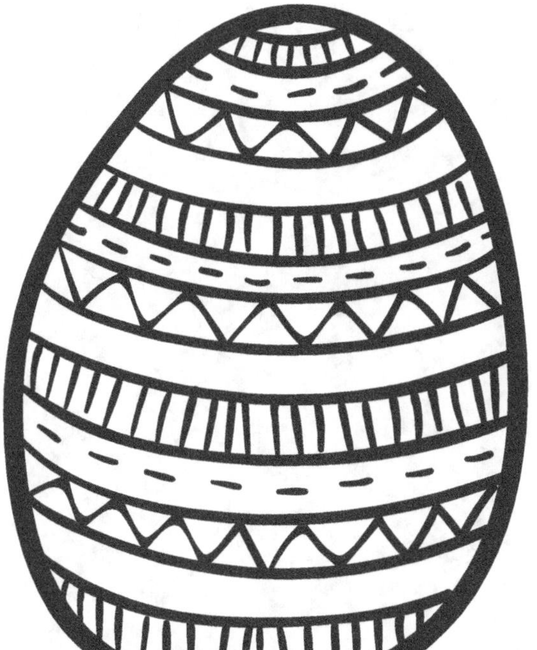

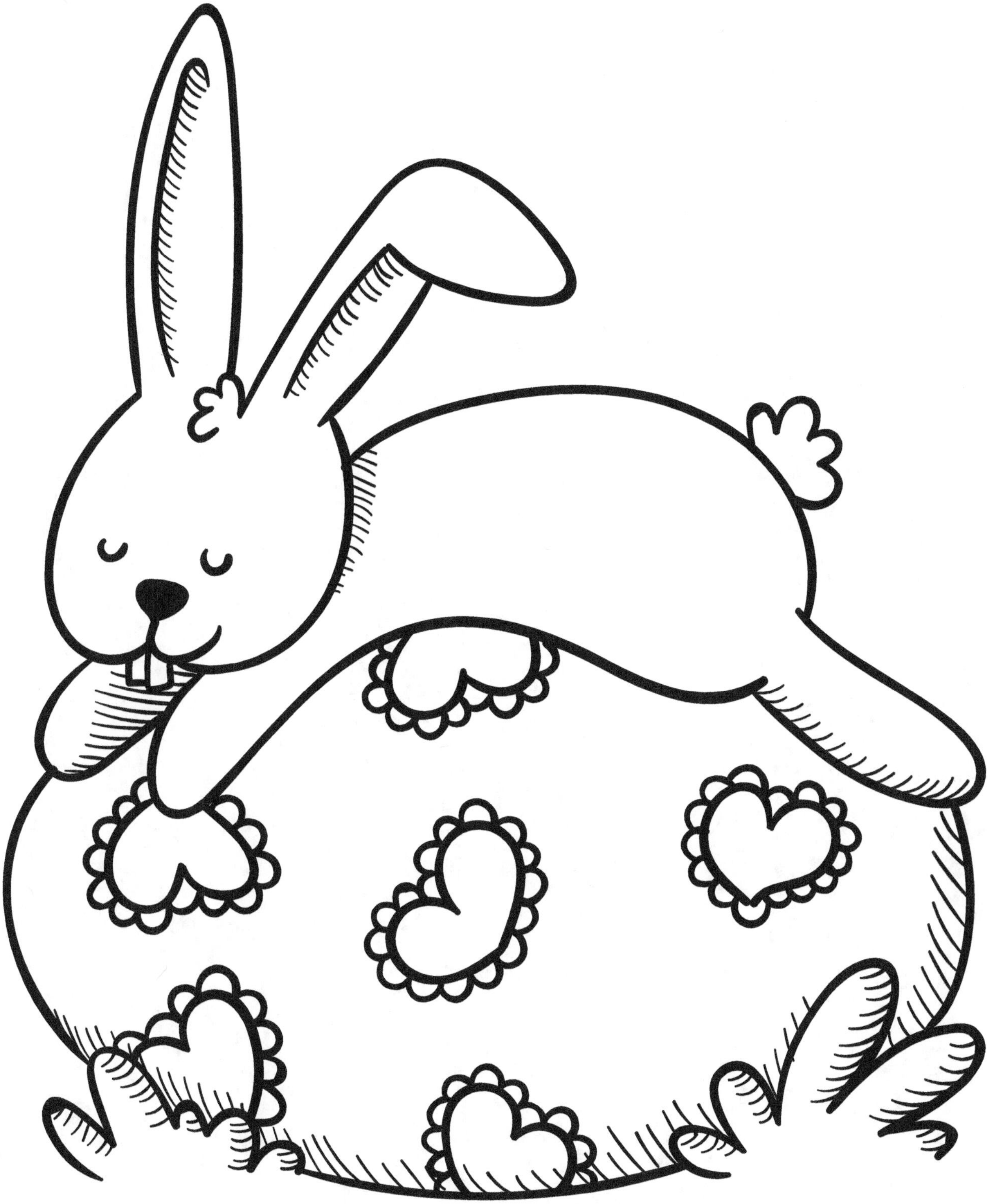

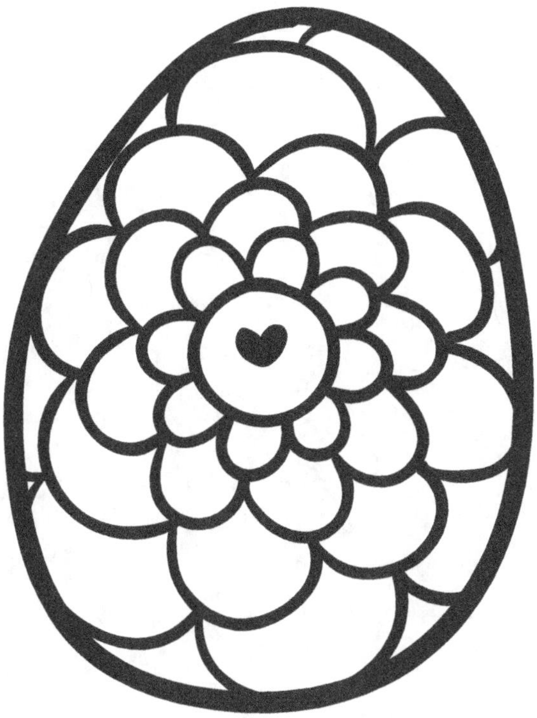

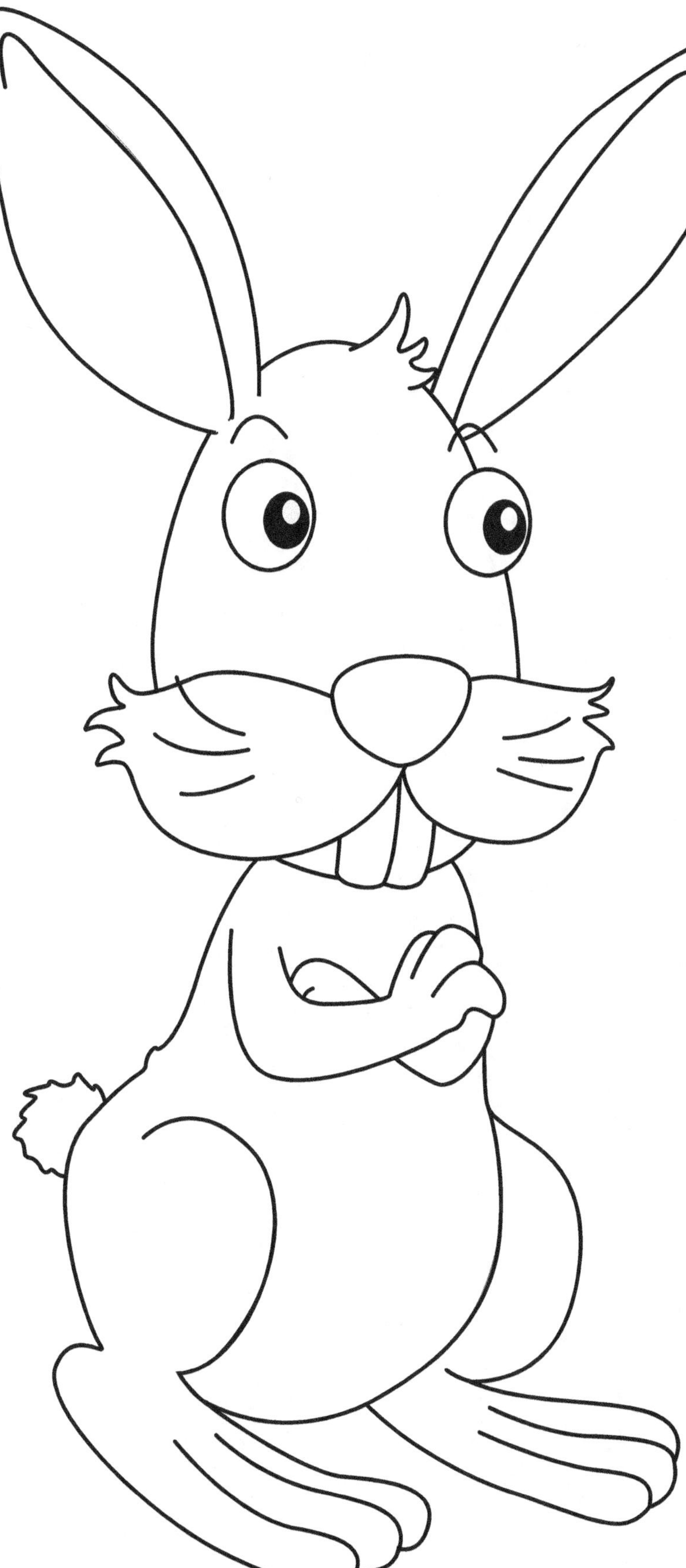

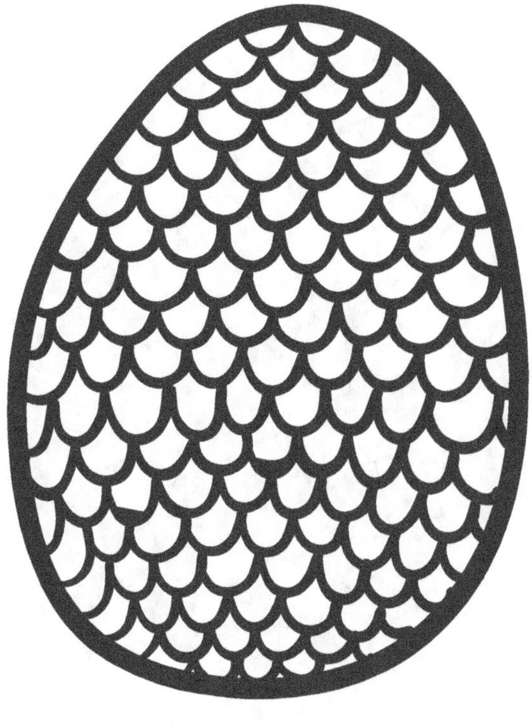
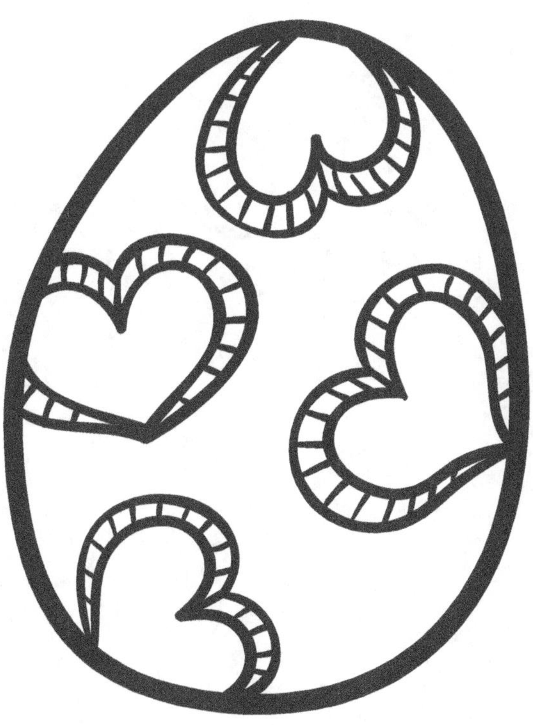
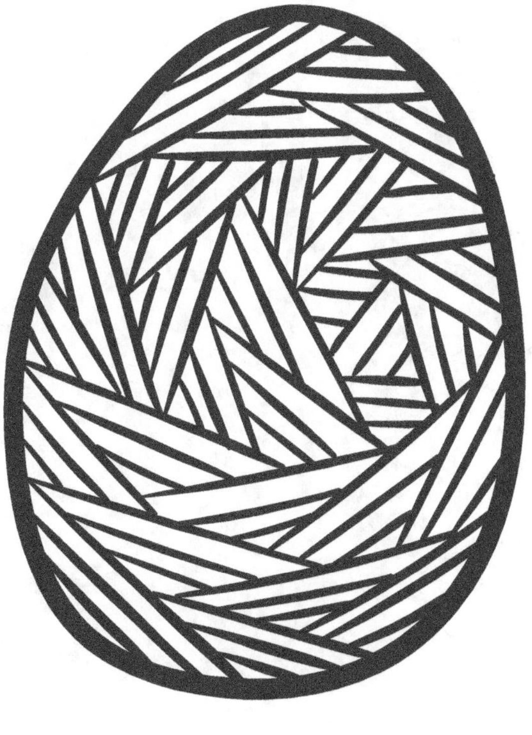

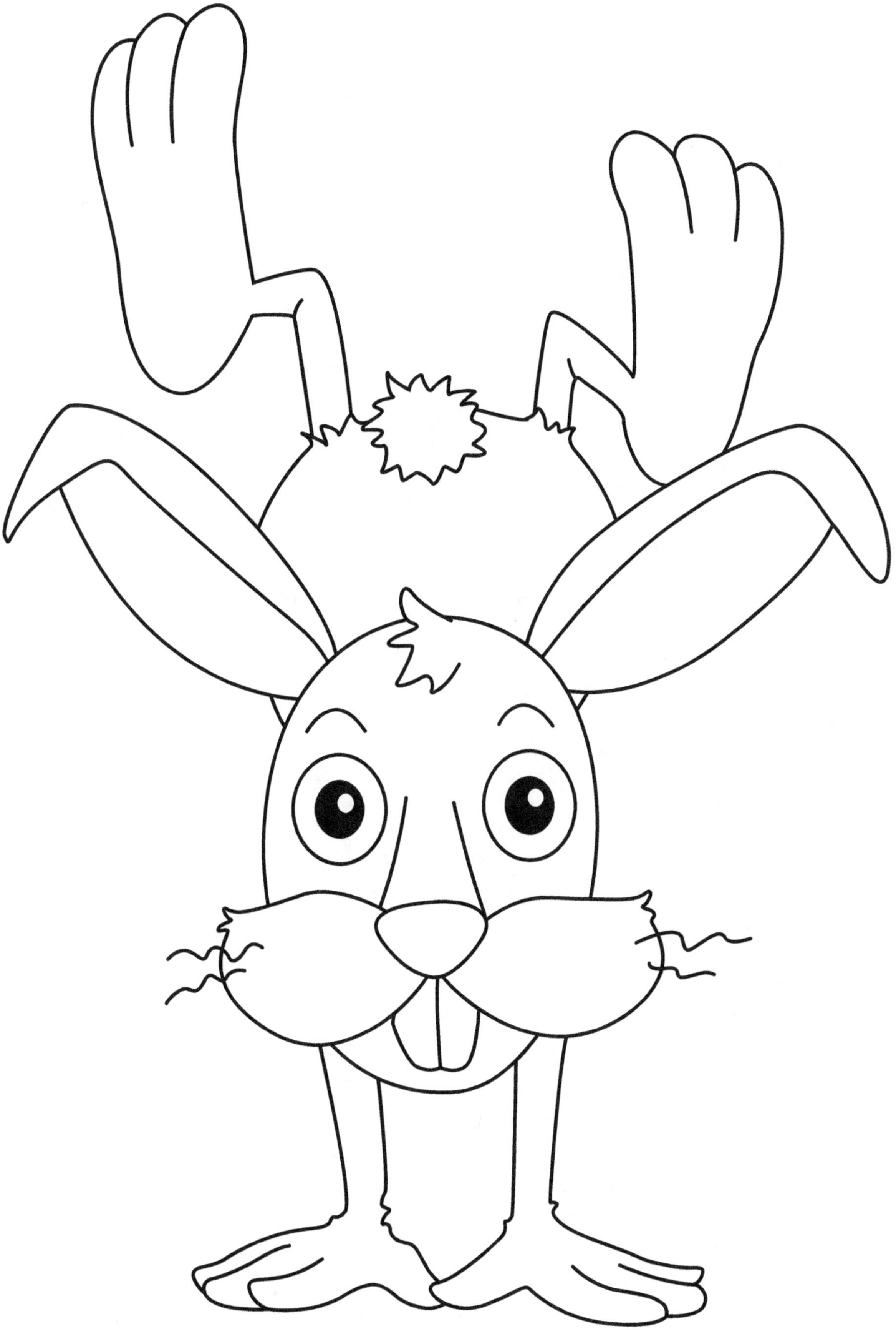

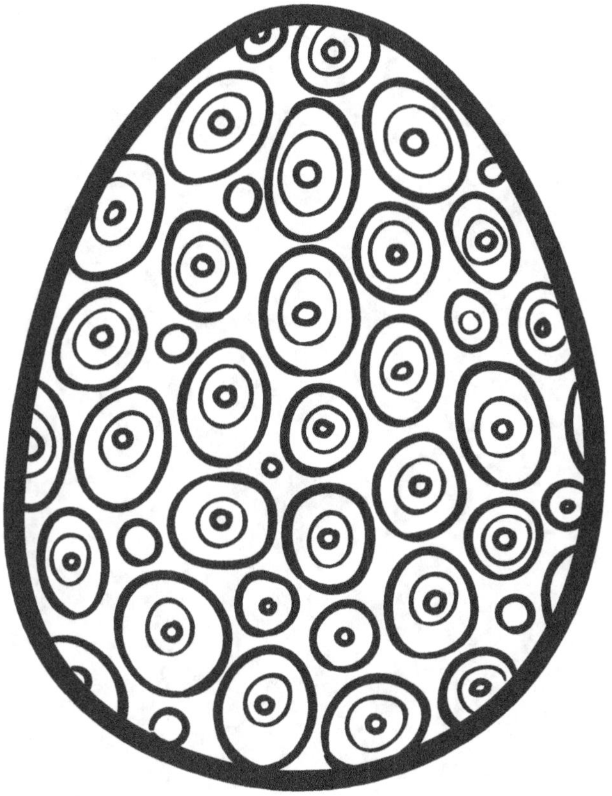
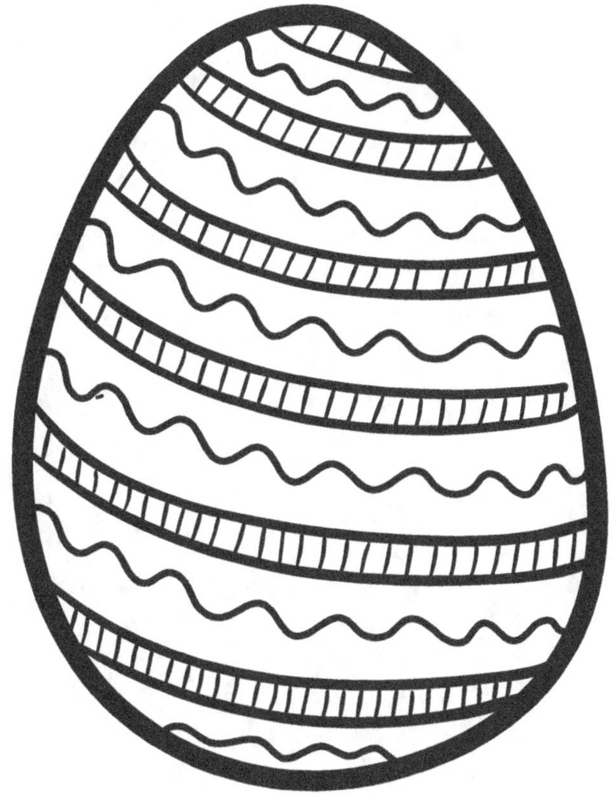
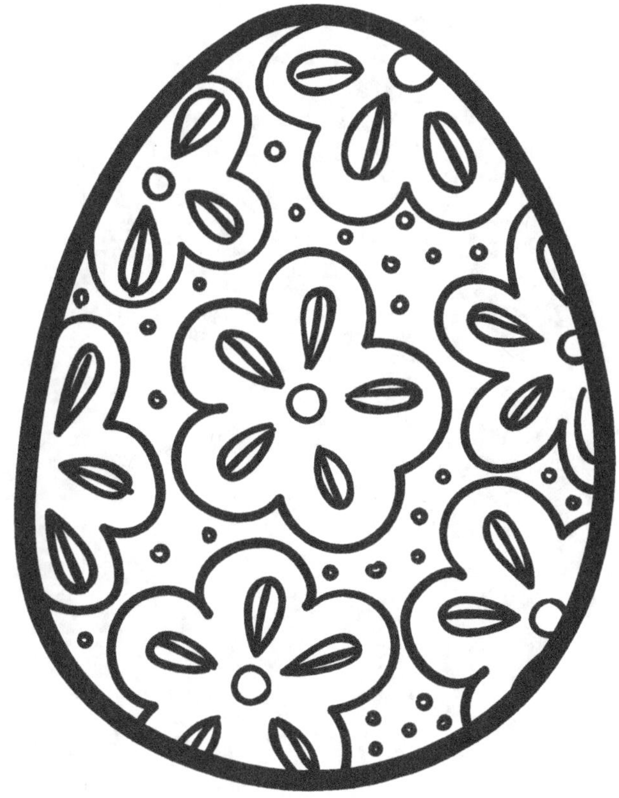
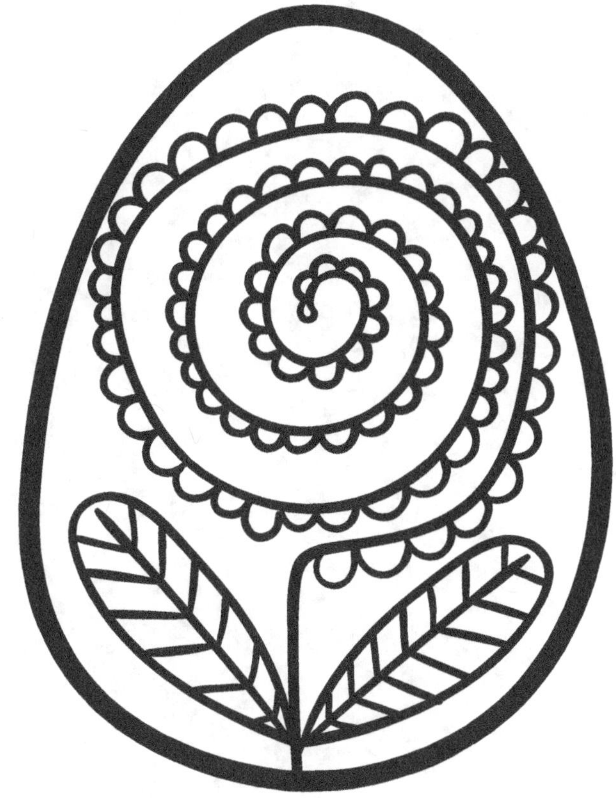

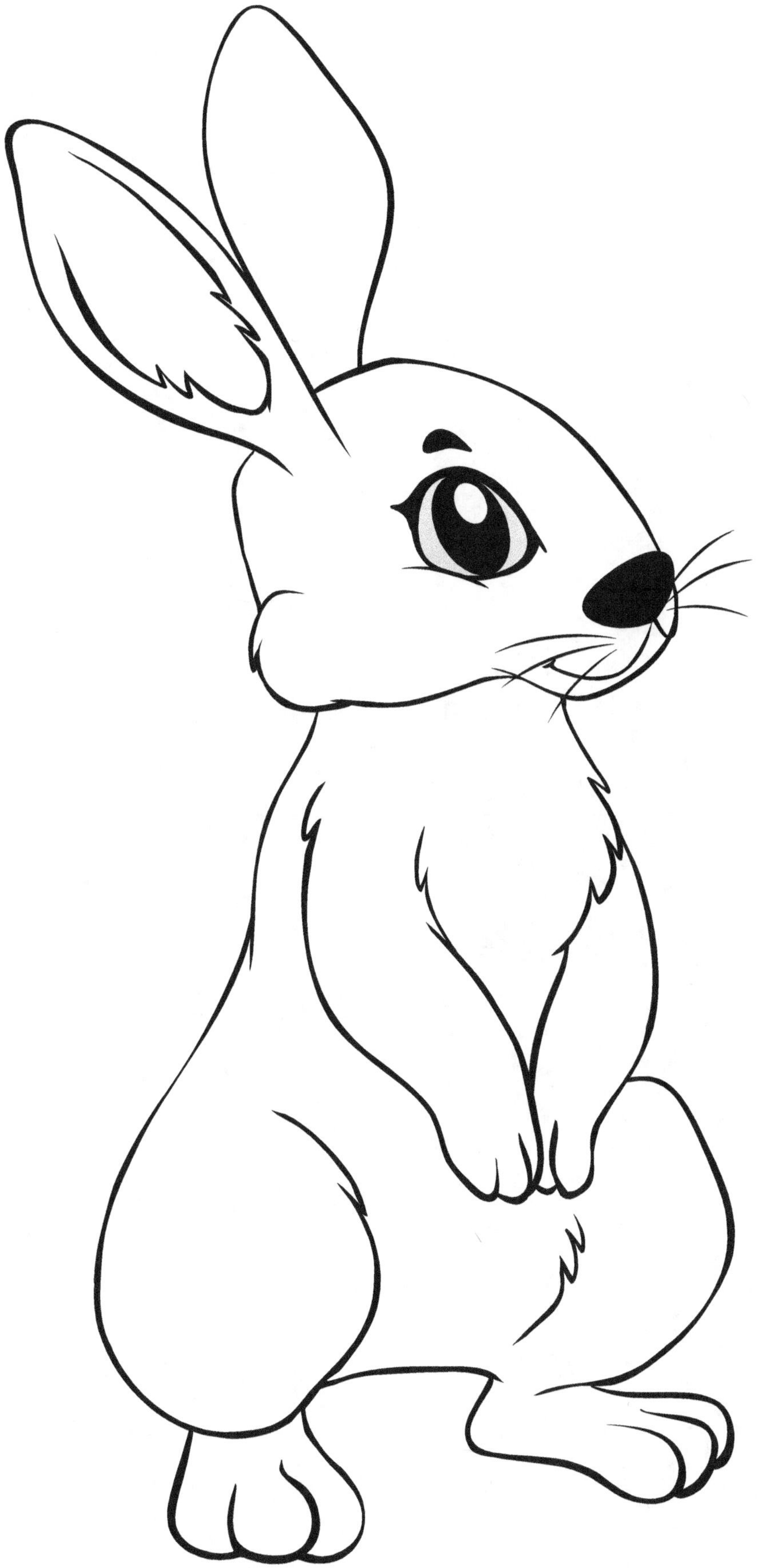

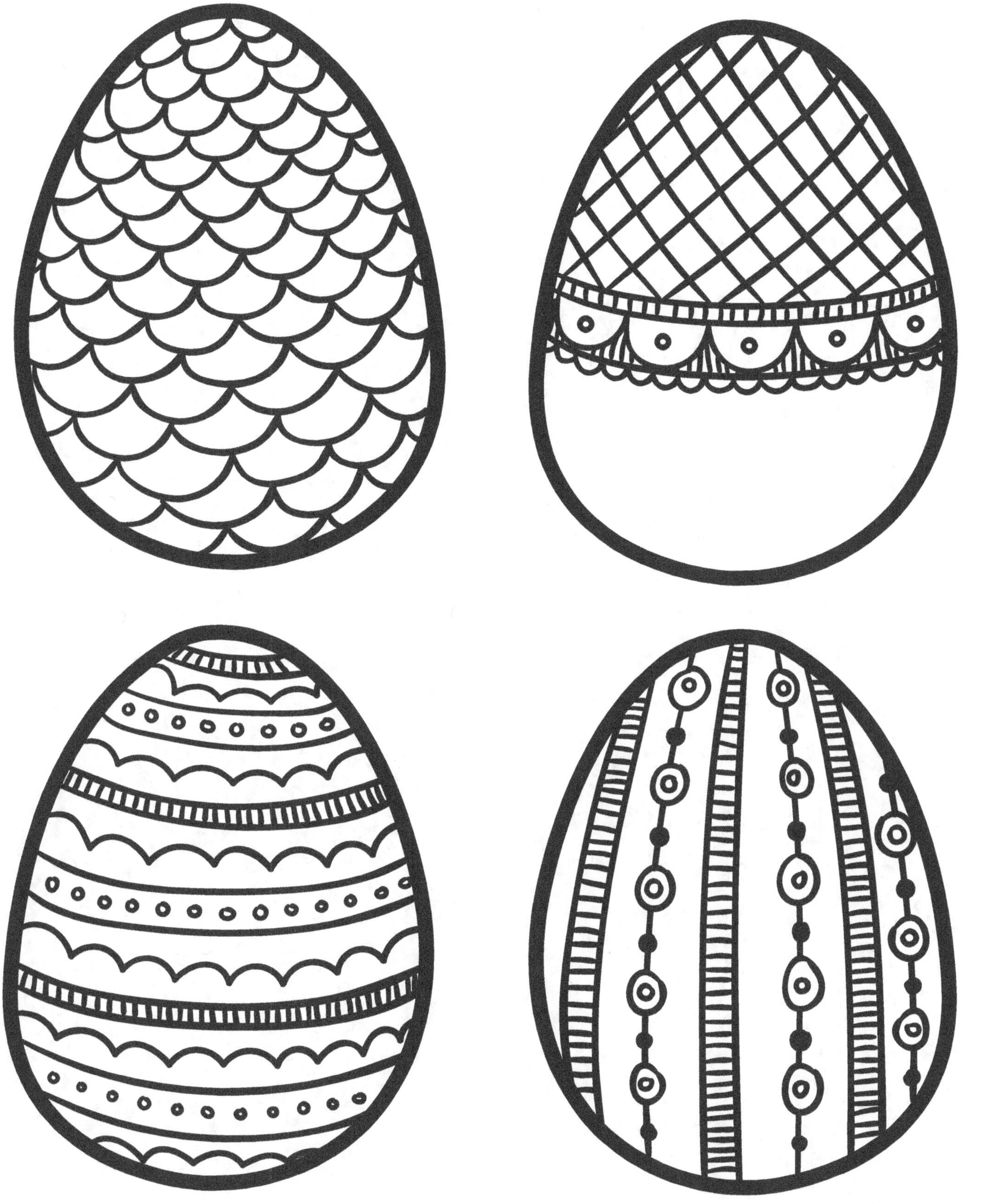

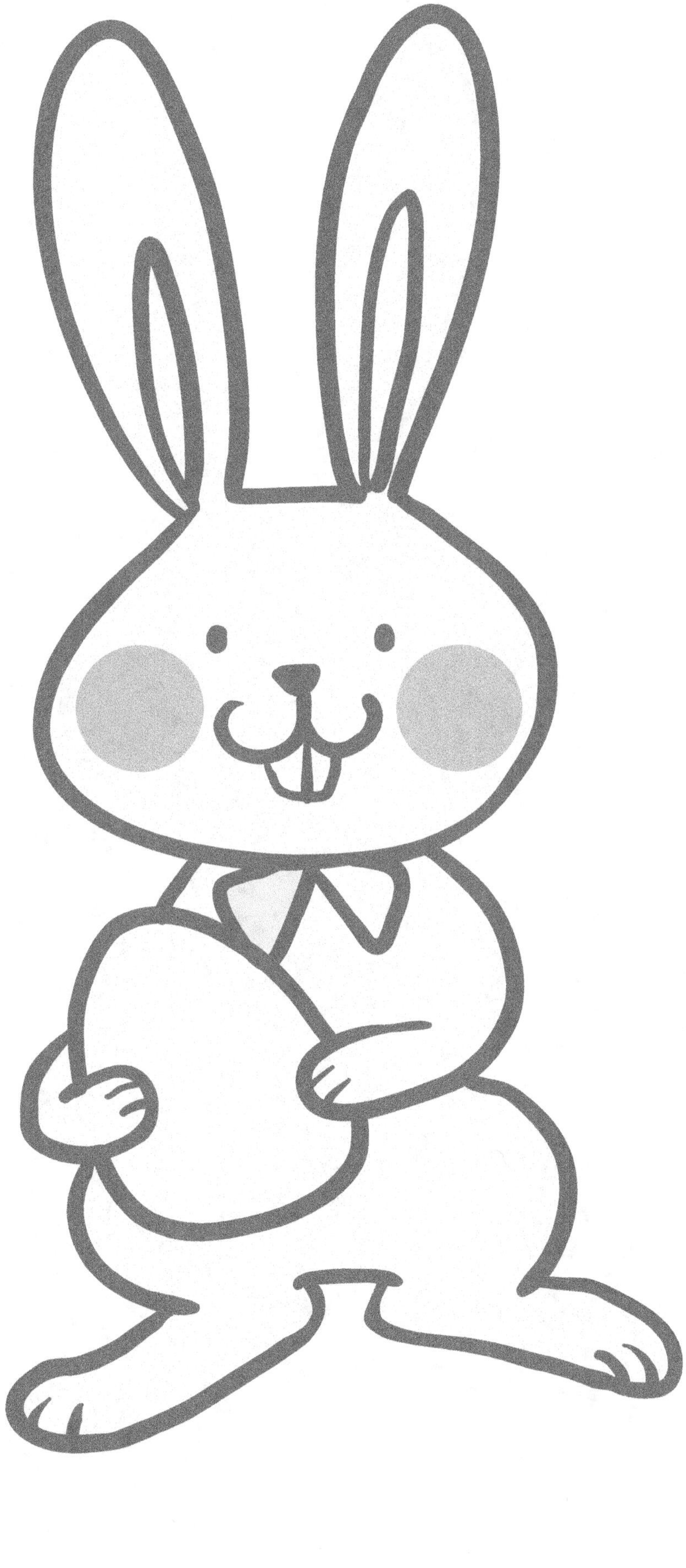

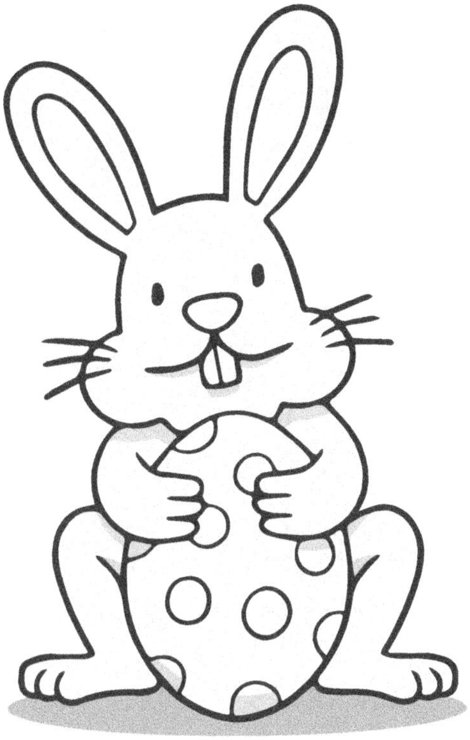

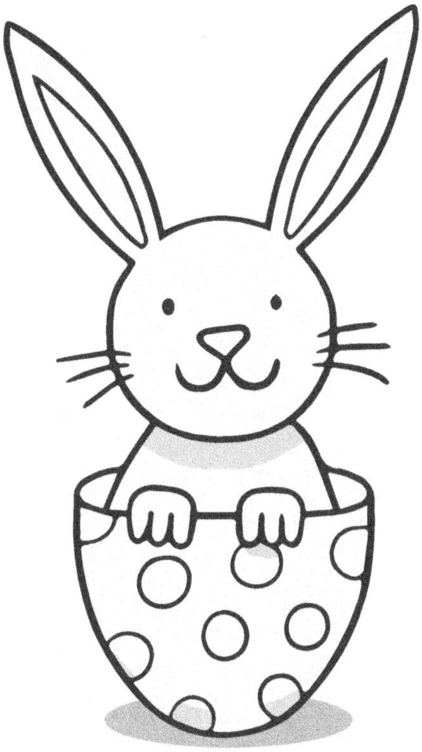

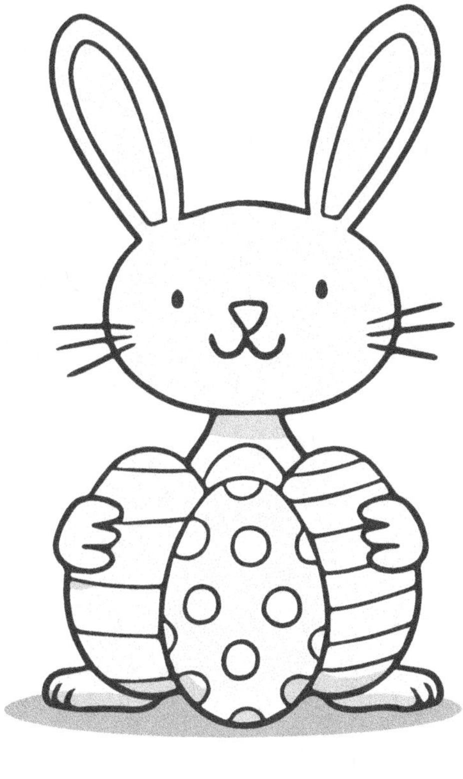

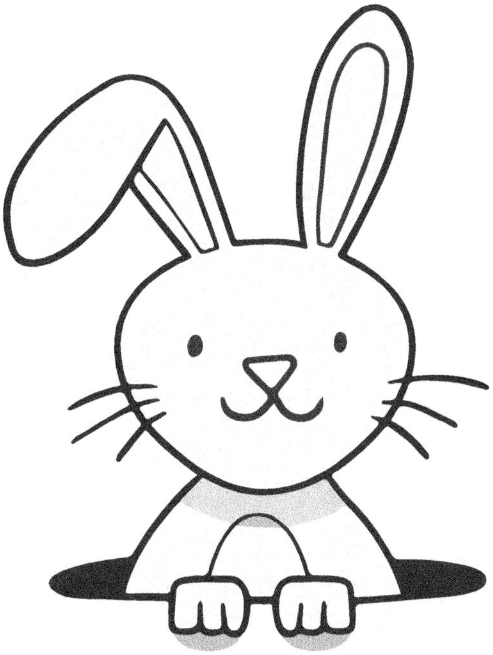

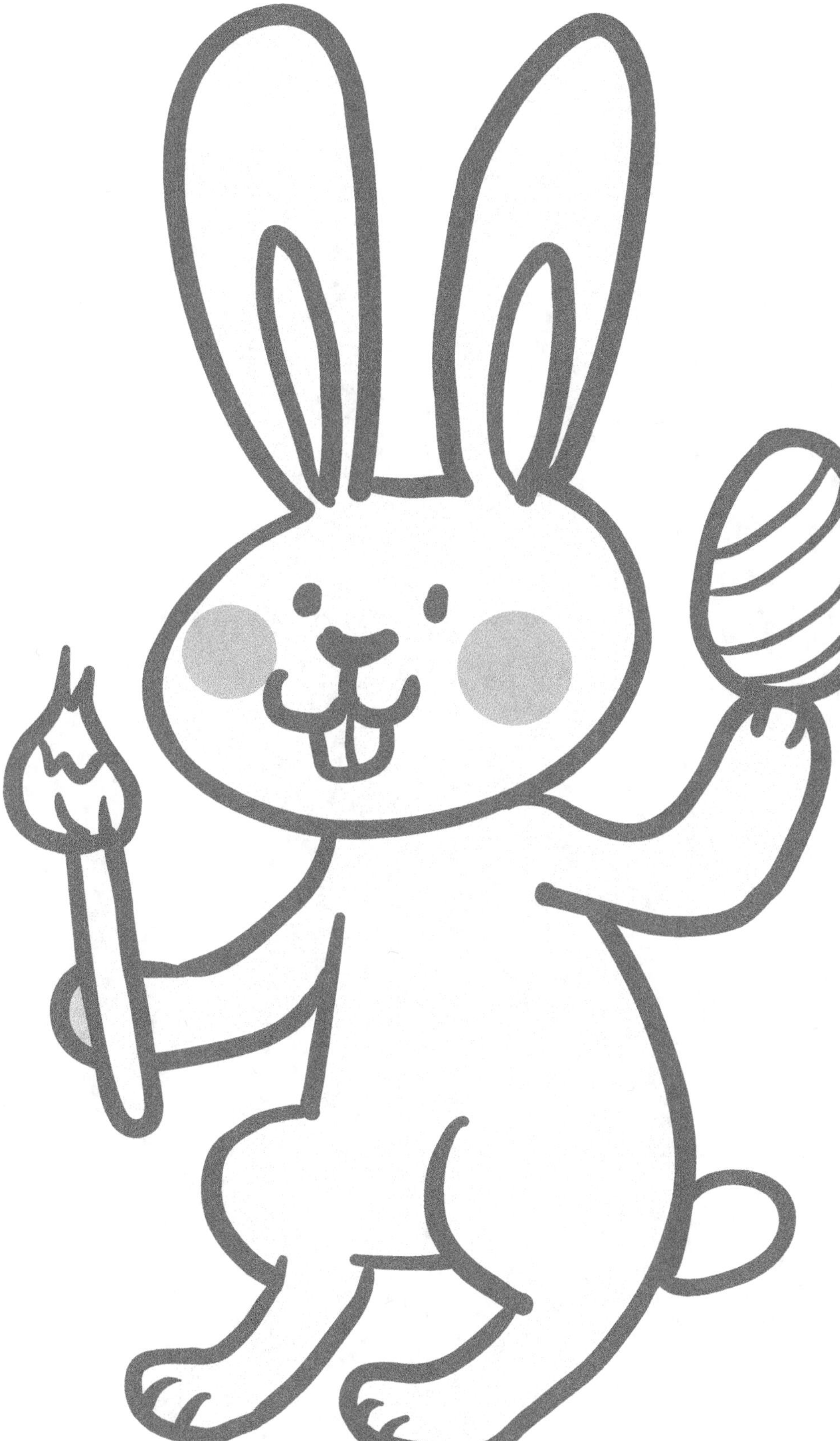

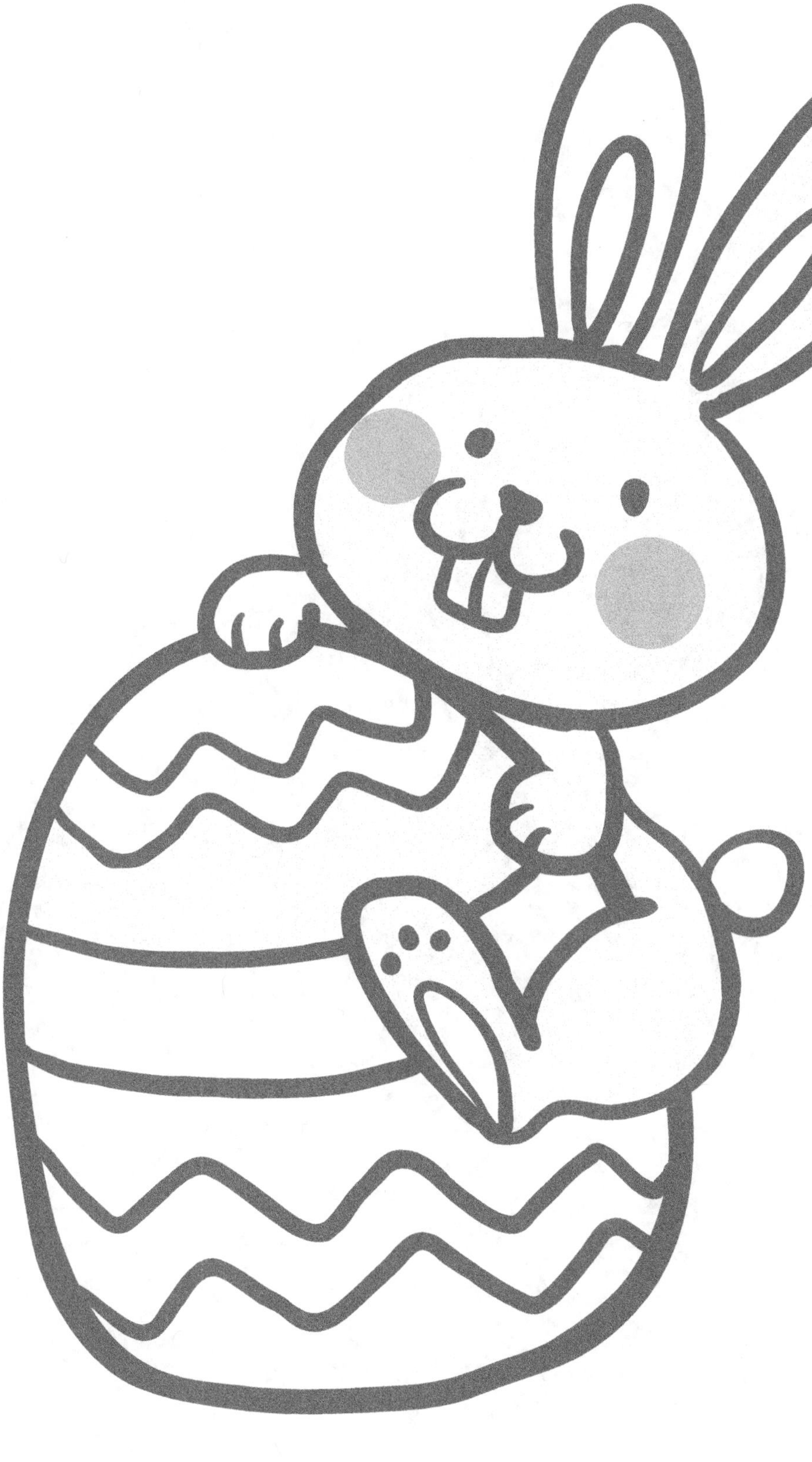

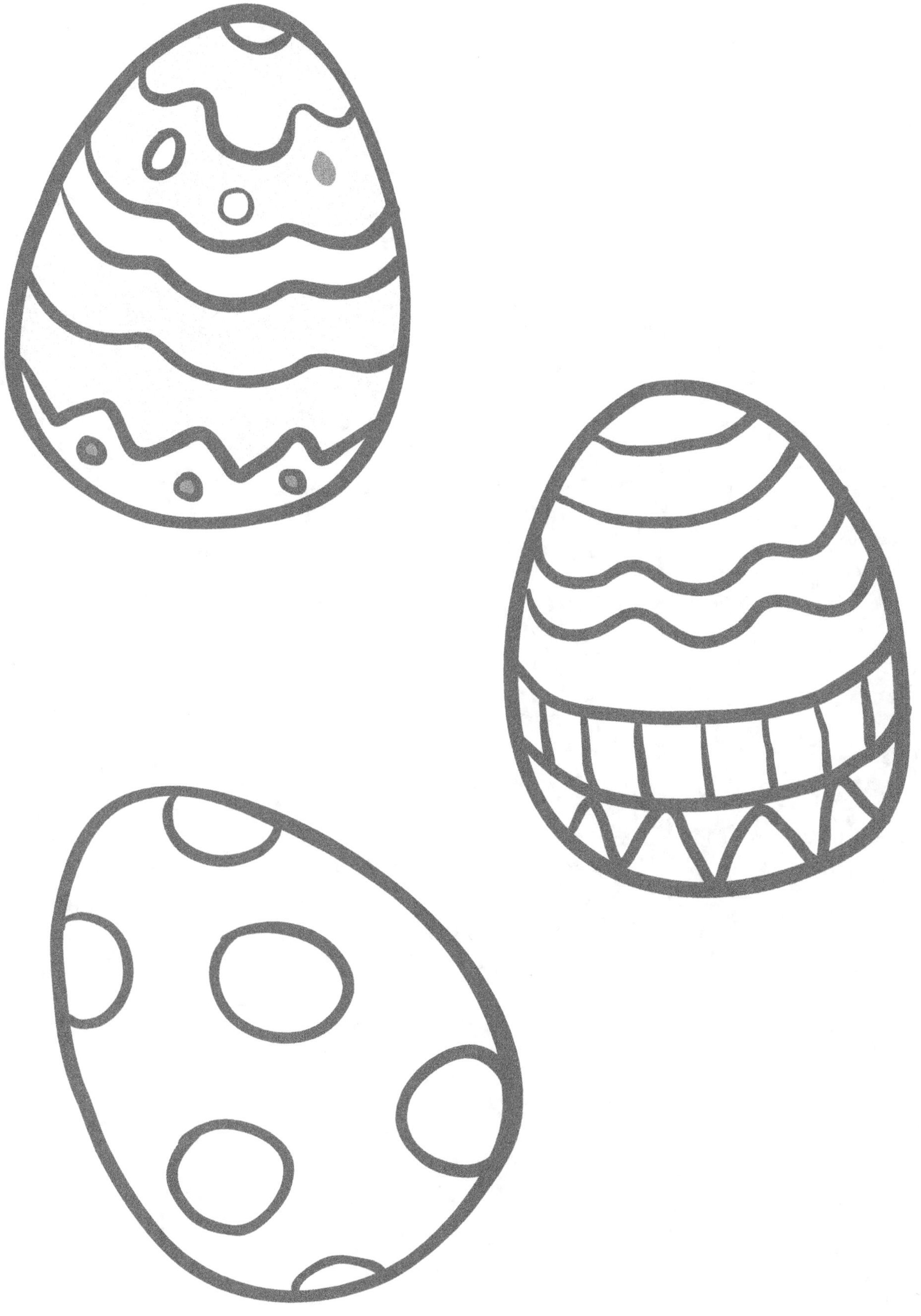

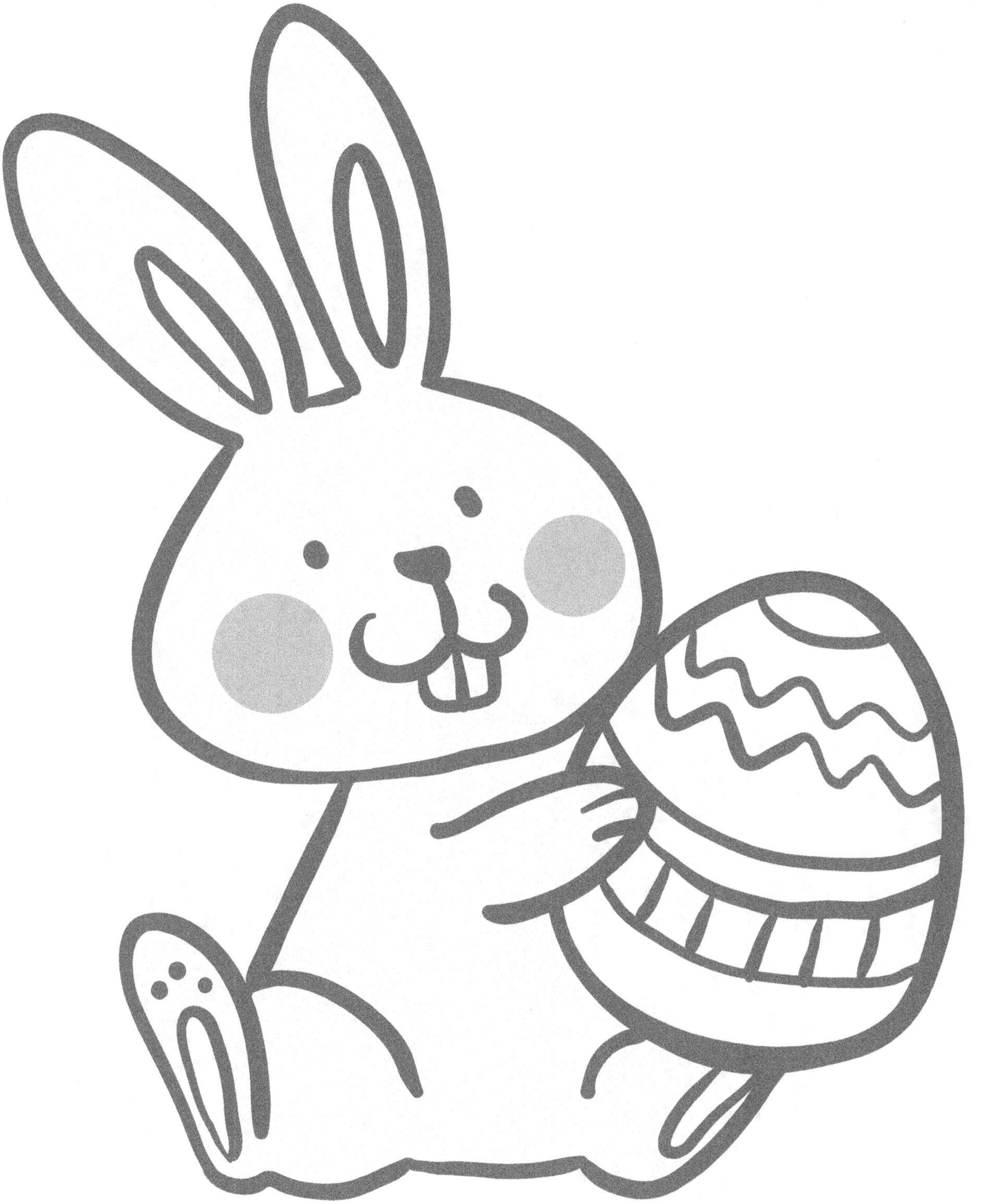

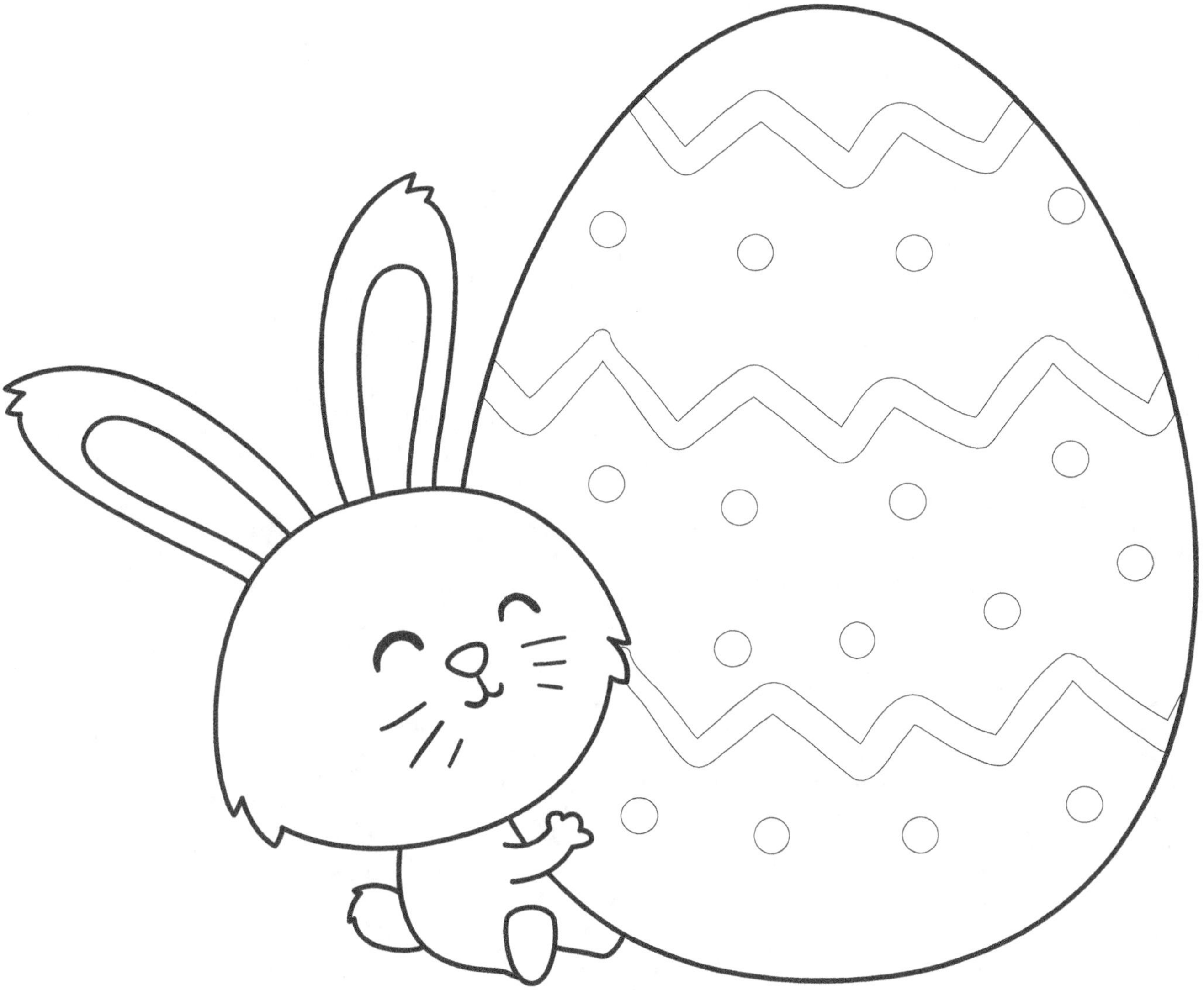

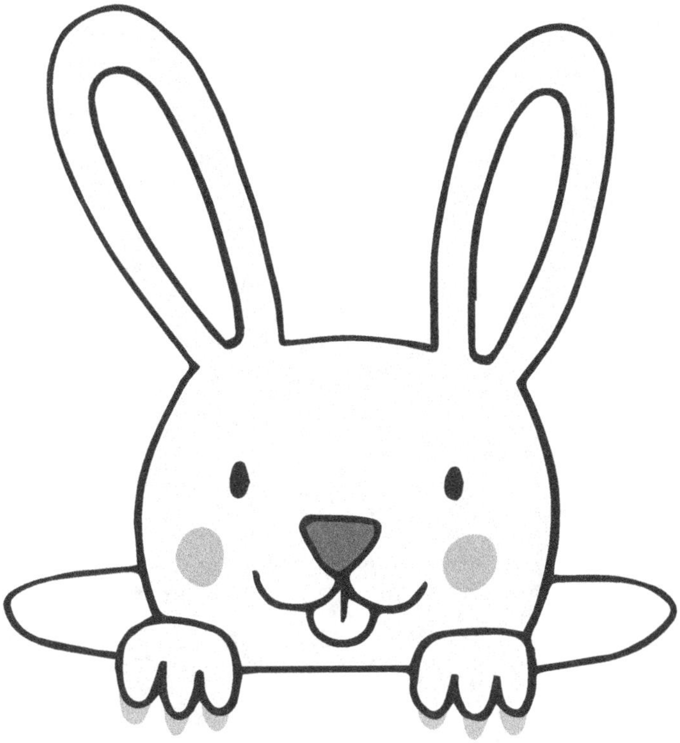

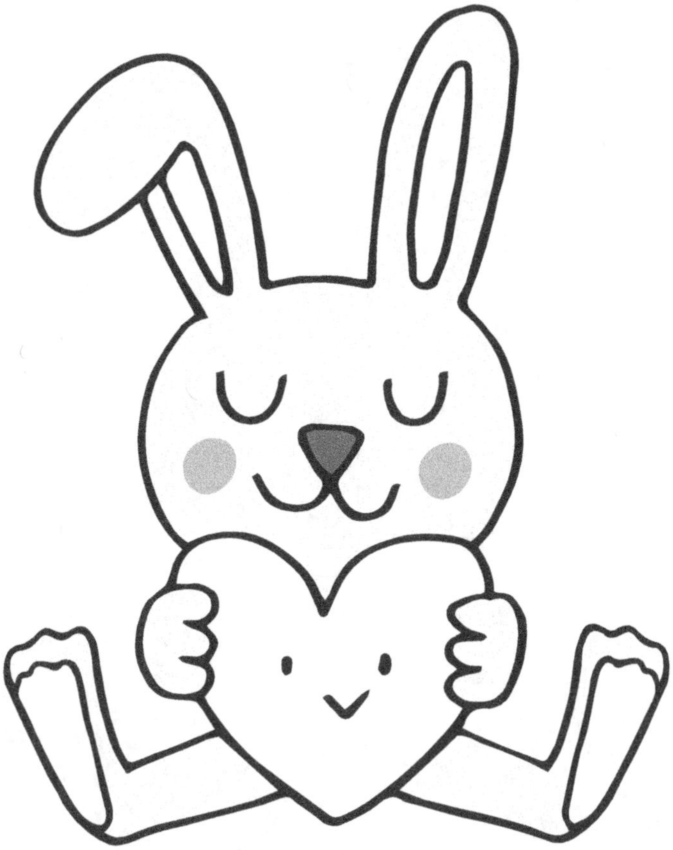

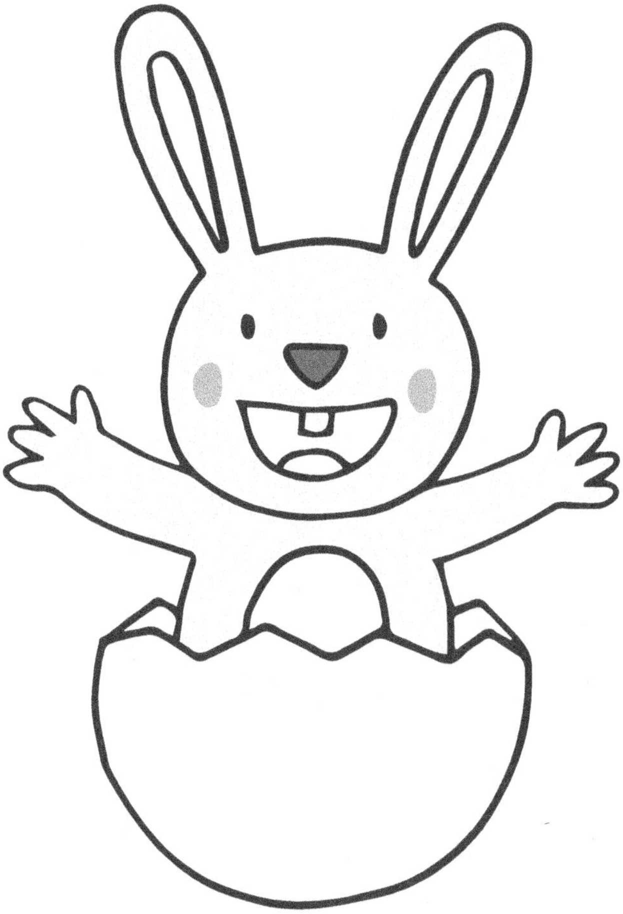

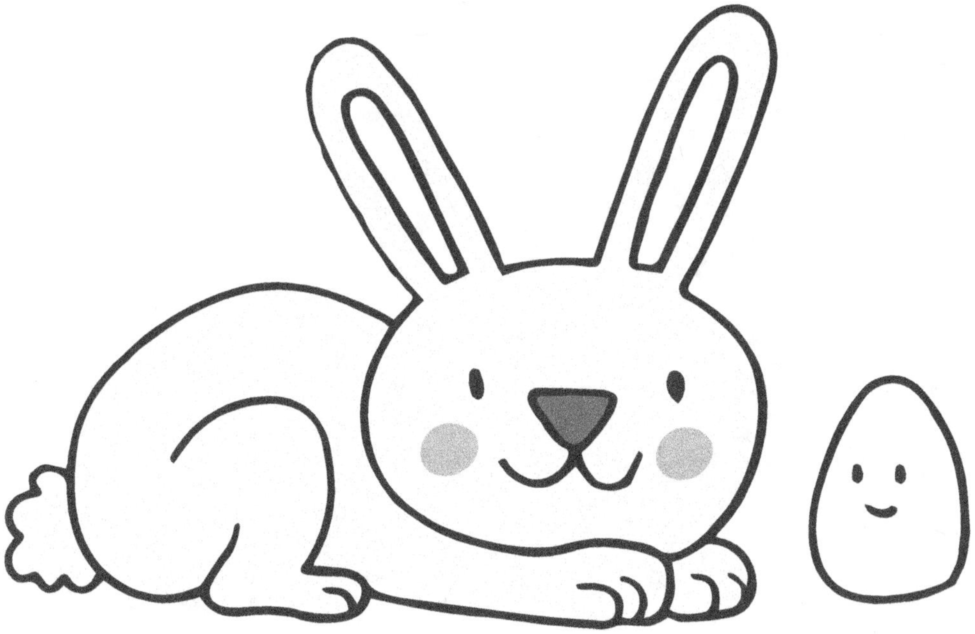

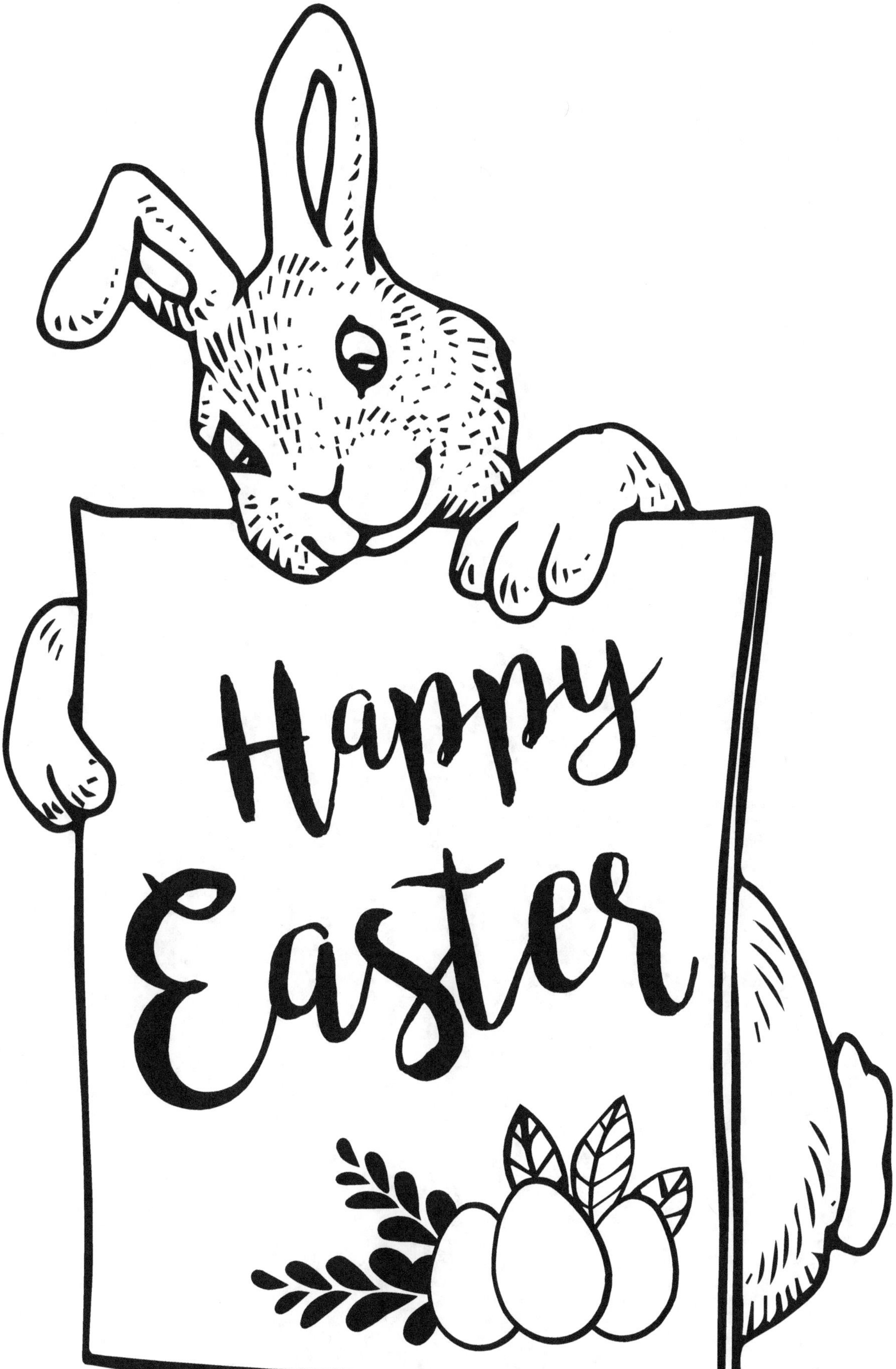
Happy
Easter

www.ingramcontent.com/pod-product-compliance
Lightning Source LLC
Chambersburg PA
CBHW081058240526
45465CB00025B/2742
* 9 7 9 8 6 3 1 8 6 1 1 9 0 *